GEISTIGE LEISTUNGSFÄHIGKEIT

Tipps und Methoden
zur bestmöglichen Nutzung des Gehirns

Verfasst von Maïlys Charlier
Übersetzt von Julia Buchrieser

Für die Arbeitswelt **50MINUTEN**.de

GEISTIGE LEISTUNGSFÄHIGKEIT

- **Ziel:** Techniken zur optimalen Nutzung der intellektuellen Fähigkeiten
- **Anwendung:** die Kapazitäten des Gehirns mobilisieren, um schnell, effektiv und möglichst fehlerfrei zu arbeiten
- **Arbeitskontext:** Karriereentwicklung, Anstreben eines Postens mit Verantwortung, Team- oder Projektleitung, Brainstorming, Persönlichkeitsentwicklung, berufliche Kreativität
- **FAQ:**
  - Wie kann ich im Alltag meine Gehirnleistung verbessern?
  - Warum lernen junge Leute leichter?
  - Warum sollte ich mein Gehirn trainieren?
  - Sind Spiele zum Gehirntraining wirklich sinnvoll?
  - Ist es gefährlich, auf Medikamente zur Verbesserung meiner mentalen Fähigkeiten zurückzugreifen, wenn ich an keiner Krankheit leide?

- Wie lange dauert es, bis sich eine Verbesserung meiner intellektuellen Kompetenzen bemerkbar macht?
- Ist meine Denkweise von der vorrangigen Nutzung der rechten oder linken Gehirnhälfte abhängig?

EINLEITUNG

Man geht allgemein davon aus, dass Menschen nur ungefähr 10 % ihres Gehirnvolumens benutzen. Aber stimmt diese Beobachtung, die Albert Einstein (deutscher Physiker, 1879-1955) zugeschrieben wird, wirklich? Sie beruht darauf, dass die Neuronen, auch wenn sie alle im Laufe eines Tages gebraucht werden, nicht gleichzeitig aktiv sind. Außerdem gibt es Milliarden möglicher Verbindungen zwischen ihnen.

Ist es nun möglich, die oben genannte Prozentzahl zu erhöhen und seine mentalen Kapazitäten zu erhöhen? Kann man sein Gehirn neu programmieren, also dessen Mechanismen offenlegen und Funktionsweisen verändern? Dieses Organ funktioniert ähnlich wie ein Computer und auf so komplexe Art und Weise, dass Forscher seine

Grenzen (noch) nicht kennen. Es ist im Alltag unerlässlich und ermöglicht es zu lernen, handeln, interpretieren, essen, atmen; kurz gesagt zu leben. Das Gehirn passt sich laufend an, verändert sich, strukturiert sich bei Menschen jedes Alters durch die Generierung von neuen Neuronen um und entwickelt sich permanent durch persönliche Erfahrungen weiter.

Maxwell Maltz (US-amerikanischer Arzt und Autor, 1899-1975) erklärt in seinem Werk *Psycho-Cybernetics*[1], dass das Gehirn aus einem Erfolgsmechanismus besteht, den man einfach wie einen Knopf aktivieren muss, um seine Kapazitäten auszunutzen und seine Ziele zu erreichen. Es würde wie ein Muskel funktionieren, der trainiert und aufrechterhalten werden muss, um seine Intelligenz zu weiterzuentwickeln. Der US-Amerikaner William James (Begründer der modernen Psychologie, 1842-1910) erklärte, dass der Mensch fähig ist, sein Leben mithilfe seiner Gedanken zu steuern. Wie kann man also diese zusätzliche Intelligenz entwickeln? Welche Pflege und Übungen braucht unser Gehirn, um

---

1. Auf Deutsch erschienen unter dem Titel: *Erfolg kommt nicht von ungefähr.*

optimal zu funktionieren? Wie aktiviert man den Erfolgsmechanismus? Das Booklet 50 Minuten führt Sie durch verschiedene Etappen des Prozesses zur Maximierung der geistigen Fähigkeiten und der bestmöglichen Nutzung des Gehirns.

MEHR LEISTUNGSFÄHIGKEIT: DIE GRUNDLAGEN

Woraus besteht das Gehirn?

Das Gehirn ist das wichtigste Organ des Nervensystems. Es kontrolliert die Motorik unseres Körpers und sichert die kognitiven Fähigkeiten. Es besteht aus zwei Hälften:

- Die **linke Gehirnhälfte** ist für Sprache zuständig, wie Paul Broca (französischer Neurologe, 1824-1880) im Jahr 1861 feststellte. Außerdem sind hier Logik, Denken, Rechnen und Verstand verortet.
- Roger Wolcott Sperry (US-amerikanischer Neurophysiologe, 1913-1994) stellte in den 1960er Jahren fest, dass die **rechte Gehirnhälfte** das Raumempfinden, ganzheitliche Zusammenhänge, die Intuition und die Kreativität steuert. Der Spezialist betonte, dass

jede neue Information die rechte Gehirnhälfte passieren muss. Sie ermöglicht also das Erlernen, während die linke Gehirnhälfte die Informationen aufnimmt und speichert.

<u>**ZUSATZINFORMATION: DAS GEHIRN**</u>

- Dank der Schädelknochen ist es das bestgeschützte Organ im menschlichen Körper.
- Das Gehirn eines Erwachsenen wiegt mehr als ein Kilo.
- Es besteht aus 86 bis 100 Milliarden Nervenzellen, die Neuronen genannt werden.
- Es wird hauptsächlich mit Glukose und Sauerstoff genährt.
- Das Gehirn besteht zu 60 % aus Fett.
- Die Neuronen kommunizieren untereinander mithilfe von elektrischen Signalen über die Synapsen (Schnittstelle zwischen zwei Neuronen). Bei diesen Nervenimpulsen werden chemische Substanzen produziert, die Neurotransmitter.

Neuronale Plastizität

Neuronale Plastizität beschreibt die Fähigkeit der Neuronen, sich an jede Veränderung in ihrem Umfeld anzupassen, unabhängig davon, ob es sich um Veränderungen des Körpers oder um neue externe Parameter handelt. Dies geschieht durch zwei Prozesse: die Bildung von Neuronen (Neurogenese) und die Entfernung von ineffizienten oder weniger nützlichen Verbindungen (Synapseneliminierung) – dadurch werden die verbleibenden Verbindungen stärker.

Im Laufe seines Lebens speichert der Mensch Überzeugungen und Ideen, durch deren ständige Wiederholung neuronale Verbindungen produziert werden. Diese werden schrittweise gestärkt, wann immer die Informationen reproduziert werden. So entsteht die mentale Programmierung. Um sie zu verändern, muss man mit seinen Gewohnheiten brechen und seine Überzeugungen ändern. Das Gehirn ist also fähig, neue Neuronen zu bilden und die Schnittstellen zwischen ihnen entsprechend den emotionalen, physischen und kognitiven Erfahrungen zu reorganisieren. Nichtsdestotrotz ist das nicht so einfach wie es scheint, da diese Gedanken komplex sind und das Ergebnis aus unterschiedlichen Elementen (Sichtweisen, Gerüchen, Geräuschen, Geschmack, Emotionen, Atmosphäre etc.) sind. Das Gehirn von jungen Leuten ist flexibler als das älterer Menschen es ist jedoch möglich, diese Fähigkeit durch gezieltes Gehirntraining und richtiges Verhalten zu konservieren.

UMPROGRAMMIERUNG DES GEHIRNS

Das Gehirn besteht aus unterschiedlichen Teilen: das Bewusste, das Vorbewusste (verbindet das Bewusste und das Unbewusste), das Unbewusste und das Unterbewusste. Letzteres speichert die erhaltenen Informationen und die gemachten Erfahrungen. Im Gegensatz zum Bewussten, das in Zusammenhang mit kontrollierter geistiger Aktivität steht, ist das Unterbewusste mit unkontrollierter geistiger Aktivität im Rahmen des Unbewussten verknüpft. Diese vier Teile sind eng miteinander verbunden und greifen ineinander. Aus den Informationen, die täglich vom Bewussten gesammelt werden, formt das Unterbewusste Gewohnheiten, Reflexe, Ängste und Überzeugungen – dieser Teil ist es auch, der das Gehirn entsprechend der Gedanken programmiert.

Sylvain Wealth erklärt auf seinem Blog, dass Gedanken zu Handlungen führen und Handlungen Gewohnheiten schaffen. Während diese sehr nützlich für unser alltägliches Leben sind, können Erfahrungen das Gehirn aber auch manchmal negativ beeinflussen und dadurch die positive Entwicklung des Verstands blockieren. In gewissem Maße kann man seine geistigen Fähigkeiten also verbessern, indem man seine Denkweise ändert und sein Unterbewusstsein „umprogrammiert". Mit dieser Überwindung der Blockaden erreicht man den gewünschten Erfolg.

Techniken zur Umprogrammierung

- **Kreative Visualisierung:** Wenn Sie vor einer Herausforderung oder einem wichtigen Meeting stehen, sollten Sie gedanklich die Ziele visualisieren, die Sie erreichen möchten. Am besten führen Sie die Übung vor dem Einschlafen durch. Stellen Sie sich selbst in der Zukunft vor und lassen Sie sich von den positiven, von dieser Vorstellung hervorgerufenen Gefühlen einnehmen. Diese Übung hilft Ihnen, negative Gedanken loszuwerden und sich Ihren Zielen zu nähern.

- **Positive Äußerungen:** Um das Glück auf Ihre Seite zu ziehen und den Tag gut zu beginnen, sollten Sie einige positive Sätze laut wiederholen: „Ich bin etwas Besonderes", „Ich bin ein Leader" oder „Ich werde das schaffen". Dadurch können Sie selbstbewusster auftreten und Ihr Unterbewusstsein auf Erfolg programmieren. Das funktioniert auch mit Ihrem Arbeitsumfeld: Schmücken Sie Ihren Arbeitsplatz mit motivierenden Sätzen oder Fotos.
- **Hypnose und EMDR (Eye Movement Desensitization and Reprocessing):** Diese Techniken helfen, eine traumatische Erinnerung unbewusst zu überwinden und aufzulösen, um weiterzukommen.

ZUSATZINFORMATION: EMDR

Eye Movement Desensitization and Reprocessing wurde von der amerikanischen Psychologin Francine Shapiro (geboren 1948) in den 1980er Jahren entwickelt. Diese Behandlungsmethode soll den Geist durch Augenbewegungen heilen. Die Theorie beruht auf der Feststellung, dass Worte nicht ausreichen, um sich von einem

Trauma zu befreien. Es müssen alle Kanäle (Wahrnehmung, Kognition, Emotionen, Körperempfindungen) eingebunden werden, um sich wieder in die traumatische Erinnerung zu vertiefen und die Beziehung dazu zu verändern. Daher sind Sinnesreize wie Augenbewegungen vorteilhaft für die Bildung neuer Schnittstellen, die das traumatische Empfinden durch beruhigende Emotionen ersetzen.

- **Kognitive Therapie oder Verhaltenstherapie:** Jede Therapie verfügt über ihre eigene Technik, aber alle haben dasselbe Ziel: das Gehirn zurückzusetzen und damit eine neue Basis für die Gehirntätigkeiten zu schaffen. Die Behandlungen bestehen in der Korrektur von negativen Gedanken und dem Erlernen von geeigneten Verhaltensweisen.
- **Unterschwellige Programmierung:** Es handelt sich dabei um das regelmäßige Hören von Audio-Aufnahmen, die unterschwellige Botschaften enthalten und direkt an das Unterbewusstsein gerichtet sind.
- **Selbstbeeinflussung:** Sie basiert nicht nur auf Phrasen, die endlos wiederholt werden,

um ein gewisses Ziel zu erreichen, sondern auch – und vor allem – auf der jeweiligen Geisteshaltung dem Ziel gegenüber. Wenn Sie selbstbewusst erscheinen wollen, achten Sie auch auf Ihre Körperhaltung und die passende Stimmlage.

- **Selbsthypnose:** Konzentrieren Sie sich auf Ihre Atmung, entspannen Sie sich und wiederholen Sie mehrmals einen Satz zur positiven Selbstbeeinflussung in Verbindung mit Ihren Zielen, bevor Sie zur Hypnosephase übergehen. Dieser Satz wird sich während der Übung in Ihrem Unterbewusstsein festsetzen.
- **Reframing:** Das Konzept der Realität ist jedem entsprechend seiner Empfindungen, seiner Erfahrungen, seines Selbstbewusstseins und seines Selbstvertrauens eigen. Wenn im Leben einer Person ein Ereignis eintritt, wird es der Sichtweise der Realität entsprechend interpretiert. Die Idee des *Reframings* besteht in der Entschlüsselung dieser Ereignisse außerhalb dieses spezifischen Kontextes, mit einem Maximum an Abstand und unter Berücksichtigung der Dinge, die nicht damit verbunden sind. Die Person entwickelt somit für sich eine neue Realität, wird positiver

und offener für äußere Ereignisse sowie ihre Umwelt sein. Durch die Verwendung dieser Technik wird das Gehirn neu programmiert, was zu einer besseren Nutzung der geistigen Leistungsfähigkeit führt.

Mentale Einschränkungen

Mentale Einschränkungen oder einschränkende Überzeugungen sind Hindernisse, die man sich selbst auf bewusste oder unbewusste Art schafft: „Ich bewerbe mich nicht für diesen Job, da ich dafür nicht gut genug bin", „Ich werde es nie schaffen, eine neue Sprache zu lernen, da ich dafür nicht klug genug bin" etc. Diese Überzeugungen, die als wahr angesehen werden, beruhen auf persönlichen Erfahrungen oder stammen aus der Familie oder der Gesellschaft. Für die Entwicklung des Gehirns ist es wichtig, sich von den mentalen Einschränkungen zu befreien, die die geistige Entwicklung bremsen. Dafür muss jeder die tiefliegenden Einschränkungen mit gegenteiligen Aussagen entschärfen: „Ich bin gut genug für diesen Job" oder „Ich habe alle Qualifikationen, die für diesen Job notwendig sind". Je öfter Sie diese Aussagen wiederholen, desto schneller werden Sie die Blockaden los, die Sie davon abhalten, Ihr Ziel zu erreichen.

Die Überzeugungen, die wir unseren Erfahrungen entsprechend speichern, beeinflussen unsere Denkweise und unser Verhalten. Nichtsdestotrotz ist es möglich, das in unserem Gehirn gespeicherte Material bewusst zu verwenden. In diesem Kontext haben die US-Amerikaner John Grinder (Linguist, geboren 1940) und Richard Bandler (Psychologe, geboren 1950) die Neuro-Linguistische Programmierung (NLP) begründet, mit der die zwischenmenschliche Kommunikation sowie die Beziehung zwischen Sprache und Denken ergründet werden soll. Die NLP erlaubt es, Blockaden eines Menschen zu kontrollieren und dessen Überzeugungen zu verändern, um ihm dabei zu helfen, sich zu verändern.

TECHNIKEN ZUR ERHÖHUNG DER KAPAZITÄTEN

Gehirngymnastik

Das Gehirn ist wie ein Muskel; es muss also trainiert werden, um seine Kapazitäten zu verbessern. Der Schlüssel dazu ist kontinuierliches

Lernen. Die neuen Kenntnisse sorgen für die Bildung neuer synaptischer Verbindungen und stärken die bereits bestehenden. Für Donald Hebb (kanadischer Neuropsychologe, 1904-1985) galt, je aktiver die Neuronen sind, desto leichter verbinden sie sich. Das Lernen wird also automatisiert und verlangt uns weniger Anstrengung ab. Das ist vor allem der Fall, wenn man anfängt, eine neue Sprache zu lernen: Je mehr man spricht, desto leichter fällt es einem, sich auszudrücken. Und wenn man nicht mehr übt, werden die Verbindungen schwächer, wie unsere Muskeln, wenn man keinen Sport mehr betreibt, und man vergisst, was man bereits gelernt hat.

Das Gedächtnis ist unerlässlich für jede Art von Lernen (Sportarten, Musikinstrumente, Sprachen etc.), da es die gelernten Informationen speichert und diese danach wieder abrufen kann. Es gibt drei Gedächtnisarten:

• **Das sensorische Gedächtnis** behandelt alle Informationen, die wir im Alltag durch unsere fünf Sinne aufnehmen. Diese Daten werden nur für eine ganz kurze Zeitspanne (einige Sekunden) behalten und ins

Kurzzeitgedächtnis weitergeleitet, wenn sie relevant erscheinen.

- **Das Kurzzeitgedächtnis** nimmt eine begrenzte Menge an Informationen für eine kurze Zeitspanne (weniger als eine Minute) auf.
- **Das Langzeitgedächtnis** speichert wichtige Ereignisse unseres Lebens und bildet unseren Wissensschatz. Es ist unbegrenzt, aber leider nicht unfehlbar.

Machen Sie täglich einige Minuten Gehirnaerobic, um die Leistungsfähigkeit Ihres Gehirns zu steigern. Stimulieren Sie Ihr Kurzzeitgedächtnis durch das Auswendiglernen eines Auszuges aus einem Gedicht, Zitaten oder einfach einer Telefonnummer mithilfe von Gedächtnisstützen. Üben Sie Ihre Beobachtungsgabe durch die gedankliche Reproduktion eines Schemas, eines Fotos oder einer bereits erlebten Szene. Zum Schluss pflegen Sie Ihr Logikempfinden durch die Vervollständigung einer Zahlenreihe oder eines Sudokus. Dank dieser Gymnastik wird Ihr Gehirn agiler.

Geeignete Ernährung

Tagtäglich verbraucht das Gehirn zwischen 15 und 20 % der Energie. Um ordentlich funktionieren zu können, benötigt es bestimmte Nährstoffe. Eine vielfältige und ausgewogene Ernährung stellt die Basis für die Entwicklung der geistigen Leistungsfähigkeit dar. Die dafür notwendigen Lebensmittel sind nachstehend aufgelistet.

- **Lebensmittel mit niedrigem glykämischem Index (GI)** liefern dank der in ihnen enthaltenen Glukose die notwendige Energie für den Tag. Es handelt sich dabei um Obst, Gemüse und Vollkorngetreide.
- **Milchprodukte** enthalten die für das Funktionieren des Gehirns notwendigen Proteine, aber auch die Vitamine B2

und B12 – welche wichtig für die geistige Entwicklung sind.

- **Beeren** (Brombeeren, Blaubeeren, Himbeeren, Johannisbeeren etc.) und **Zitrusfrüchte** (Zitronen, Grapefruits, Orangen) sind reich an Antioxidantien und verlangsamen die Hirnalterung.
- **Lebensmittel, die reich an Vitamin B6 und B9 sind**, beseitigen Homocystein, eine für Neuronen giftige Aminosäure. Sie sind in Innereien, Hülsenfrüchten und dunkelgrünem Blattgemüse enthalten.
- **Avocados** sind reich an Vitamin E, erweitern die Blutgefäße und sorgen dadurch für eine bessere Blutzirkulation.
- **Eier** verfügen über zahlreiche Vitamine: A, D und E sowie B (B2, B5, B9 oder Folsäure, B12), aber auch über Cholin, welches für die geistige Entwicklung wichtig ist.
- **Brokkoli und Spinat** beinhalten Vitamin K, das für die Funktion des Gehirnsystems essenziell ist.
- **Fettsäuren und Omega-3-Fettsäuren** sind vor allem in Fisch zu finden und sorgen für die Verbesserung der kognitiven Funktionen des Gehirns.

- **Grüner Tee** produziert Dopamin, wirkt sich positiv auf das Gedächtnis aus und reduziert geistige Müdigkeit.
- **Natürliche Gewürze** wie Ginseng, Johanniskraut, Kurkuma und Gingko Biloba sowie einige Kräuter wie Salbei und Rosmarin stimulieren die geistige Leistungsfähigkeit – darunter die Merk-, Konzentrations- und Lernfähigkeit.

Die folgenden Lebensmittel sind dagegen nicht empfehlenswert – weder allgemein noch für die Verbesserung der geistigen Leistungsfähigkeit.

- **Gesättigte Fettsäuren** sind in frittierten Lebensmitteln, Wurstwaren oder Chips enthalten und sollten vermieden werden, da sie Nervenzellen zerstören. Vermeiden Sie Fastfood, welches Ihr Dopamin – eine Substanz, die für Ihr Gefühl von Wohlbefinden sorgt – reduziert.
- **Raffinierter Zucker** (Maissirup, weißer und brauner Rohrzucker, Fruktose) findet sich in Softdrinks und industriell hergestellten Fruchtsäften. Er beinhaltet keine Nährstoffe, verlangsamt das Gehirn und kann Gedächtnisprobleme bewirken. Bevorzugen Sie Vollzucker oder Honig.
- Auch **künstliche Süßstoffe** wie Aspartam können Hirnschädigungen auslösen. Konsumieren Sie stattdessen besser kleine Mengen an nicht raffiniertem Zucker.
- **Pestizide** auf Obst und Gemüse sind ebenfalls gefährlich für Ihr Gehirn sowie Ihren gesamten Körper. Vergessen Sie daher nicht, Obst und Gemüse vor dem Verzehr gut zu waschen. Sie können es sogar einige Minuten im Wasser lassen, um die chemischen Substanzen zu lösen.
- **Alkohol** beeinträchtigt Ihre Urteilsfähigkeit und kann Gedächtnisstörungen bewirken.
- **Tabak** ist nicht nur schlecht für Ihre Lungen, sondern auch für Ihr Gehirn.

Meditation versus Stress

Dauerstress und -müdigkeit sind schlecht für Ihre Neuronen sowie Ihr Gedächtnis. Außerdem können die Spannungen negative Auswirkungen auf die Sprache und das Denken haben. Achten Sie deshalb darauf! Wenn Sie Gedächtnislücken oder Vergesslichkeit bemerken, sollten Sie sich fragen, ob Sie genug schlafen oder ob Sie ängstlich oder gestresst sind.

Eine einfache und für alle mögliche Art Abhilfe zu schaffen und die geistige Leistungsfähigkeit bestmöglich zu nutzen ist die Meditation. Dabei vermindern sich nicht nur Stress und Angst, während sich der Schlaf und dadurch auch die Konzentration verbessert. Die Meditation aktiviert zudem den linken präfrontalen Cortex, der mit positiven Emotionen verbunden ist. Dem amerikanischen Psychologen Daniel Goleman (geboren 1946) zufolge ist die Meditation „ein echtes Gehirntraining und fähig, angeborene Reflexe zu löschen[1]". 1998 hat sein Landsmann Paul Ekman (geboren 1934) ein Experiment mit einem buddhistischen Mönch durchgeführt. Der Mönch meditierte und der Professor versuchte, ihn durch ohrenbetäubenden Krach zu erschrecken. Dieser hat jedoch nicht einen einzigen Muskel bewegt, nicht einmal geblinzelt. Das Experiment zeigt, dass die Meditation es den Menschen erlaubt, ihr Gehirn zu beherrschen.

Medikamente

Es gibt anregende Mittel, die Einfluss auf unsere geistige Leistungsfähigkeit haben können. Diese Medikamente produzieren Neurotransmitter (Dopamin und Serotonin), die direkt auf das Gedächtnis und die Blutzirkulation wirken.

- Ritalin oder Adderall werden im Allgemeinen zur Heilung von Aufmerksamkeitsstörungen verwendet, verbessern die Konzentration und ermöglichen eine bessere Informationsaufnahme.

---

1. Übersetzt für 50Minuten.de

- Modafinil wird gegen Narkolepsie verschrieben. Dieses Medikament stimuliert die Absonderung von Histamin, einem wachmachenden Neurotransmitter. Allerdings ist man bei Schlafmangel nicht besonders aufnahmefähig für Informationen.
- Centrophenoxin wurde 1959 entwickelt und erhöht die Glukose- und Sauerstoffzufuhr des Gehirns, wodurch die Gehirnfunktionen angeregt werden. Es besitzt außerdem antioxidative Eigenschaften.
- Nootropika wie DMAE sind Substanzen zur Verbesserung der kognitiven Leistung und sollen keine schädigende Wirkung haben. Es kann sich dabei um einfache Nahrungsergänzungsmittel (Cholin, L-Tyrosin), Medikamente, Pflanzen (L-Theanin, Fettblätter) oder Moleküle handeln.

Achtung! Setzen Sie Ihre Gesundheit nicht aufs Spiel, sondern konsultieren Sie vor der Einnahme solcher Medikamente einen Arzt; der Großteil ist sowieso rezeptpflichtig. Zudem herrschen unterschiedliche Meinungen hinsichtlich ihrer Verwendung, über die sich selbst die Spezialisten nicht einig sind. Sie sollten außerdem nicht vergessen, dass alle Medikamente Nebenwirkungen haben. Fragen Sie Ihren Hausarzt und lesen Sie die Packungsbeilage vor der Einnahme aufmerksam.

TOP TIPPS

- **Trainieren Sie Ihre Auffassungsgabe.** Durch den aktuellen Stand der Technik sind wir es nicht mehr gewöhnt, unser Gehirn anzustrengen. Handys mit integrierten Taschenrechnern und Terminkalendern, GPS, Computer, Online-Enzyklopädien und -Übersetzungsmaschinen sind die Feinde unseres Gehirns. Diese Hilfsmittel machen faul, ganz zu schweigen vom Stress, den sie auslösen können.
- **Setzen Sie sich präzise und realistische Ziele.** Legen Sie dazu die Messlatte am Anfang nicht zu hoch. Ihr Ziel sollte an Ihre aktuellen Fähigkeiten angepasst sein, damit Sie nicht so schnell entmutigt werden. Erhöhen Sie das Niveau schrittweise, indem Sie den Schwierigkeitsgrad einer Aufgabe erhöhen oder die für die Ausführung gewährte Zeit verringern.
- **Stellen Sie sich die richtigen Fragen.** Ihr Gehirn antwortet auf jede Frage, an die Sie denken, auch wenn es dazu keinen Anlass gibt. Ihre Fragen sollten daher auf das abzielen, was

wirklich zählt und das auf möglichst positive Art und Weise. Fragen Sie sich also nicht, warum Sie versagen, sondern wie Sie vorgehen müssen, um Erfolg zu haben.

- **Brechen Sie aus Ihrer Routine aus**. Das wird Ihnen helfen, Ihr Interesse zu bewahren und damit auch Ihre Konzentration. Außerdem bringen Sie so Ihr Gehirn in Schwung und vermeiden, dass es nur noch auf Autopilot läuft.
- **Trainieren Sie Ihre Multitasking-Fähigkeit.** An verschiedenen Aufgaben gleichzeitig zu arbeiten bringt das Kurzzeitgedächtnis in Schwung. Beginnen Sie mit einfachen und gewöhnlichen Tätigkeiten. Diese kleinen Gymnastikübungen werden Ihnen helfen, unterschiedliche Herausforderungen zu meistern.
- **Denken Sie positiv.** Je mehr positive und enthusiastische Gedanken Sie haben, desto besser wird Ihr Ziel in Ihrem Unterbewusstsein verankert.
- **Spielen Sie!** Wenn Lernen für Sie eine lästige Pflicht darstellt, können Sie Ihr Gedächtnis stattdessen mit spielerischen Übungen in Schwung bringen. Dadurch steigern Sie Ihre geistige Leistungsfähigkeit ganz ohne Zwang.

Kreuzworträtsel, Sudokus oder Kartenspiele, wenn Sie allein sind; Risiko, Monopoly, Vier gewinnt, Schach etc. mit anderen gemeinsam... Finden Sie das Spiel, das Ihnen am meisten entspricht!

Eine im Jahr 2003 in der Zeitschrift *Nature* veröffentlichte Studie von C. Shawn Green und Daphne Bavelier zeigt, dass Videospiele unsere selektive visuelle Aufmerksamkeit verbessern. Neben der Verbesserung der kognitiven Leistungsfähigkeit in punkto räumlicher Wahrnehmung, Konzentration und Koordination können diese Spiele jedoch auch negative Auswirkungen auf unser Gehirn haben. Tatsächlich wird in der Studie „Linkages Between Internet And Other Media Violence With Seriously Violent Behaviour by Youth", erschienen in *Pediatrics*, bewiesen, dass das Spiel mit Vergnügen assoziiert wird und die Schaltung „Belohnung" in unserem Gehirn aktiviert. Wenn man zu oft spielt kann man daher auch abhängig werden.

FAQ

WIE KANN ICH IM ALLTAG MEINE GEHIRNLEISTUNG VERBESSERN?

Dazu sollten Sie ein paar einfache Dinge beachten:

- Gesunde Ernährung ist unerlässlich, wobei man auch darauf achten muss, genug der für das Gehirn wichtigen Lebensmittel zu essen wie Omega-3-Fettsäuren, Schalenfrüchte (Mandeln, Walnüsse, Haselnüsse) und Omega-6-Fettsäuren, die vor allem in pflanzlichen Ölen und Fetten enthalten sind.
- Ständig weiterlernen – je mehr man lernt, desto leichter fällt einem das Lernen.
- Das Gehirn so oft wie möglich benutzen. Vergessen Sie den Taschenrechner auf Ihrem Handy, den elektronischen Kalender und das GPS. Nutzen Sie Ihr Gedächtnis, rechnen Sie im Kopf und vertrauen Sie Ihrem Orientierungssinn!
- Genug Schlaf – für ein gesundes Gehirn braucht es mindestens sieben Stunden Schlaf pro Nacht.

- Mindestens 1,5 Liter pro Tag trinken bzw. mehr, wenn Sie Sport machen oder hohe Temperaturen herrschen. Für die neurologische Aktivität des Gehirns ist eine ausreichende Flüssigkeitszufuhr sehr wichtig.
- Antioxidantien konsumieren, denn das ermöglicht eine bessere Sauerstoffversorgung des Gehirns und verlangsamt seine Alterung.

WARUM LERNEN JUNGE LEUTE LEICHTER?

Bei jungen Leuten sind die Verbindungen zwischen den Synapsen zahlreicher und schneller. Außerdem hat das Unterbewusstsein noch keine einschränkenden Überzeugungen gebildet. Es existieren daher nur wenig bis keine Hindernisse für die Integration von neuen Informationen. Des Weiteren sind Konzentration und Gedächtnis noch leistungsfähiger.

WARUM SOLLTE ICH MEIN GEHIRN TRAINIEREN?

Das Gehirn ist wie ein Muskel und muss trainiert werden, damit es nichts von dem bereits Erlernten vergisst. Wenn Sie beispielsweise aufhören, eine Sprache zu sprechen, werden Sie sie vergessen. Stattdessen sollten Sie Ihr Gehirn regelmäßig fordern indem Sie die Sprache sprechen. Gehirntraining hält außerdem die synaptischen Verbindungen fit und sorgt dafür, dass die Neuronen schneller und leichter reagieren.

SIND SPIELE ZUM GEHIRNTRAINING WIRKLICH SINNVOLL?

Gehirntrainingsspiele wie Brain Gym oder Mindmapping sind effizient, da sie die Kommunikation zwischen den beiden Gehirnhälften verbessern. Das erleichtert das Lernen und stärkt das Gehirn. Es wird dadurch flexibler und die geistige Leistungsfähigkeit wird optimiert.

IST ES GEFÄHRLICH, AUF MEDIKAMENTE ZUR VERBESSERUNG MEINER MENTALEN FÄHIGKEITEN ZURÜCKZUGREIFEN, WENN ICH AN KEINER KRANKHEIT LEIDE?

Nehmen Sie Medikamente nur auf Anweisung Ihres Arztes bzw. wenn Ihre geistigen Fähigkeiten an einer Störung (Konzentration, Gedächtnis etc.) leiden. Vom Arzt verschriebene Medikamente bergen meist keine (oder nur wenig) Gefahren. Lesen Sie den Beipackzettel auf jeden Fall genau und achten Sie auf das Auftreten von möglichen Nebenwirkungen.

WIE LANGE DAUERT ES, BIS SICH EINE VERBESSERUNG MEINER INTELLEKTUELLEN KOMPETENZEN BEMERKBAR MACHT?

Wie beim Sport reicht auch hier ein einziges Training nicht aus, um ermutigende Resultate festzustellen. Haben Sie Geduld – das Gehirn funktioniert wie ein Muskel und Verbesserungen machen sich erst nach mehreren Wochen oder Monaten konsequenten Trainings bemerkbar.

IST MEINE DENKWEISE VON DER VORRANGIGEN NUTZUNG DER RECHTEN ODER LINKEN GEHIRNHÄLFTE ABHÄNGIG?

Die Mehrheit der Menschen kann die linke Gehirnhälfte – die der Sprache – leichter benutzen. Wenn es um Instinkt und Emotionen geht, ist allerdings die rechte Gehirnhälfte aktiv.

Daher benutzen emotionale und instinktgelei-
tete Menschen vorrangig diese Gehirnhälfte – ihr
Verstand und ihre Logik funktioniert deswegen
oft anders als die von Menschen, die eher die
andere Hälfte ihres Gehirns benutzen.

JETZT SIND SIE GEFRAGT!

MINDMAPPING

Diese Übung besteht in der Assoziation von Ideen in Baumstruktur. Platzieren Sie in der Mitte ein Wort oder eine Zeichnung und verbinden Sie damit alles, was Ihnen einfällt. Verwenden Sie für jeden Gedanken eine andere Farbe und eine andere Schriftgröße. Das Ziel ist, so viele Verbindungen wie möglich zu finden und sich von seiner Kreativität treiben zu lassen. Mindmapping fördert die Kommunikation zwischen den beiden Gehirnhälften. Wörter und ihre Anordnung fordern die linke Hälfte und Farben, Bilder sowie die gesamtheitliche Ansicht des Schemas sprechen die rechte Hälfte an.

BRAIN GYM

Brain Gym wurde vom Pädagogen Paul Dennison entwickelt und bietet Übungen zur Entwicklung der Lernfähigkeit. Trainieren Sie Ihr Gehirn mithilfe einiger einfacher Bewegungen!

- Treten Sie auf der Stelle und berühren Sie Ihr linkes Knie mit der rechten Hand und umgekehrt. Das führt zu einer verbesserten Kommunikation zwischen den beiden Gehirnhälften.
- Zeichnen Sie in Gedanken durch Augenbewegungen das Unendlichkeitszeichen nach. Dadurch werden Konzentration und Gedächtnis stimuliert.
- Überkreuzen Sie Knöchel und Handgelenke und verflechten Sie die Finger. Dieser Kontakt über Kreuz erhöht die Aufmerksamkeitsfähigkeit sowie die Fähigkeit zuzuhören.

VISUALISIEREN SIE DEN ERFOLG

Stellen Sie sich selbst dabei vor, wie Sie Ihre Ziele erreichen, als ob es Wirklichkeit wäre. Mit ein wenig Übung macht Ihr Gehirn keinen Unterschied mehr zwischen diesem Film und der Wirklichkeit und ist daher positiv konditioniert. Spielen Sie diesen positiven Film am Vorabend Ihres ersten Arbeitstages an einem neuen Arbeitsplatz oder einem wichtigen Meeting in Ihrem Kopf ab und denken Sie an Details (Geräusche, Farben, Bilder, Gerüche, Emotionen). Ihr Geist ist dadurch positiv konditioniert, damit der Tag auch so wird, wie Sie ihn sich vorstellen. Haben Sie Vertrauen zu sich selbst und ziehen Sie das Glück auf Ihre Seite!

DARÜBER HINAUS

LITERATURVERZEICHNIS

- *Actualité*: „Renforcer son mental pour se dépasser". Allodocteurs.fr. (18.06.2014). http://www.allodocteurs.fr/actualite-sante-renforcer-son-mental-pour-se-depasser_13738.html (09.04.2019).

- Agid, Yves: „Comprendre le cerveau et son fonctionnement". *Actualité. Icm-institute.org.* (01.03.2014) https://icm-institute.org/fr/actualite/comprendre-le-cerveau-et-son-fonctionnement/ (09.04.2019).

- *Antioxydants*: „La Centrophénoxine stimule le cerveau et lutte contre son vieillissement". *Nutranews.org.* (05.01.2015). http://www.nutranews.org/sujet.pl?id=415 (09.04.2019).

- Bandler, Richard; Grinder, John: *Therapie in Trance. NLP und die Struktur hypnotischer Kommunikation.* 13. Auflage. Klett-Cotta: Stuttgart 2007.

- Bandler, Richard; Grinder, John: *Metasprache und Psychotherapie. Die Struktur der Magie.* 12 Auflage. Junfermann Verlag: Paderborn 2011.

- Bartczak, Sophie: „Utilisons-nous seulement 10 % de notre cerveau ?". *Santé. Lepoint.fr.* (29.03.2013) http://www.lepoint.fr/sante/ utilisons-nous-seulement-10-de-notre-cerveau-29-03-2013-1647342_40.php (09.04.2019).

- Christine, Marie: „Comment utiliser le pouvoir de nos cerveaux droit et gauche pour un résultat maximum". *Mental. Vivresestalents.fr.* http://www.vivresestalents.fr/mental/comment-utiliser-le-pouvoir-de-nos-cerveaux-droit-et-gauche-pour-un-resultat-maximum/ (09.04.2019).

- *Communauté. Blogue. À vous la parole*: „Une pilule pour stimuler le cerveau des gens en bonne santé ?". *Passeportsante.net.* http://www.passeportsante.net/fr/Communaute/ Blogue/Fiche.aspx?doc=une-pilule-pour-stimuler-le-cerveau-des-gens-en-bonne-sante (09.04.2019).

- Dalla Costa, Virginie: „Préparation mentale : comment atteindre ses objectifs". *dossier-entrainement--preparation-mentale-atteindre-objectifs-sportif. Nutri-site.com.* http://www.nutri-site.com/dossier-entrainement--preparation-mentale-atteindre-objectifs-sportif--2--230.html (09.04.2019).

- Ferrari, Michael: „Cinq techniques pour dépasser vos limitations mentales tout de suite". *Améliorer sa vie. Esprit-riche.com.* (Mai 2013). http://esprit-riche.com/5-techniques-pour-depasser-vos-limitations-mentales-tout-de-suite/ (09.04.2019).

- Gannac, Anne-Laure: „Êtes-vous plutôt cerveau gauche ou cerveau droit". *Moi. Se-connaître. Personnalité. Articles-et-Dossiers. Psychologies. com.* (19.07.2010). http://www.psychologies.com/Moi/Se-connaitre/Personnalite/Articles-et-Dossiers/Etes-vous-plutot-cerveau-gauche-ou-cerveau-droit (09.04.2019).

- Garteiser, Marion: „Fumer : moins de QI et des risques de maladie d'Alzheimer". *E-sante.be.* (30.10.2015). http://www.e-sante.be/fumer-moins-qi-risques-alzheimer/actualite/470 (09.04.2019).

- Green, C. Shawn; Bavelier, Daphne: „Action Video Game Modifies Visual Selective Attention". In: Nature 423 (Mai 2003). S. 534-537.

- Hodent-Villaman, Célia: „Les jeux vidéo sont-ils bons pour le cerveau ?". Scienceshumaines.com. (Januar 2007). http://www.scienceshumaines.com/les-jeux-video-sont-ils-bons-pour-le-cerveau_fr_15191.html (09.04.2019).

- Maltz, Maxwell: *Erfolg kommt nicht von ungefähr. Psychokybernetik.* Econ: München 1990.

- Maltz, Maxwell: *Psycho-Cybernetics: The Original Science of Self-Improvement and Success That Has Changed the Lives of 30 Million People.* Prentice Hall Press: New Jersey 2002.

- Prigent, Anne: „Changer de mode de vie pour protéger son cerveau". *Actualité. Sante.lefigaro.fr.* (27.03.2015). http://sante.lefigaro.fr/actuali-te/2015/03/27/23561-changer-mode-vie-pour-pro-teger-son-cerveau (09.04.2019).

- Rogelet, Agnès: „Comment muscler son cerveau". *Bien-être. Prévention. Hygiène de vie. Articles et Dossiers.* Psychologies.com. (16.04.2009). http://www.psychologies.com/Bien-etre/Prevention/Hygiene-de-vie/Articles-et-Dossiers/Comment-muscler-son-cerveau (09.04.2019).

- Shapiro, Francine: *EMDR – Grundlagen und Praxis: Handbuch zur Behandlung traumatisierter Menschen.* 3. Auflage. Junfermann Verlag: Paderborn 2012.

- Soleille, Céline: „Quatre moyens originaux pour booster son cerveau". *Bien dans son âge. Adolescents. Comment manger pendant les exams. Lanutrition.fr.* (13.06.2012.) http://www.lanutrition.fr/bien-dans-son-age/adolescents/comment-manger-pendant-les-exams-/4-moyens-originaux-pour-booster-son-cerveau.html (09.04.2019).

- Wealth, Sylvain: „Cinq façons d'augmenter la rapidité et la puissance de votre cerveau". *Sylvainwealth.com.* (30.03.2013) http://www.sylvainwealth.com/5-facons-daug-menter-la-rapidite-et-la-puissance-de-votre-cer-veau.html (09.04.2019).

- Wealth, Sylvain: „Je me suis donné 1 an pour reprogrammer mon cerveau". *Sylvainwealth.com.* (04.09.2013). http://www.sylvainwealth.com/reprogrammer-son-cerveau.html (09.04.2019).

- „Y a-t-il des moyens efficaces d'augmenter ses performances intellectuelles pour un examen ?". *Rhumatopratique.com.* (15.05.2013). http://www.rhumatopratique.com/wp/rp/2013/05/15/y-a-t-il-des-moyens-efficaces-daugmenter-ses-performances-intellectuelles-pour-un-examen-2/ (09.04.2019).

- Ybarra, Michele L.; Diener-West, Marie; Markow, Dana; Leaf, Philippe J.; Hamburger, Merle; Boxer, Paul: „Linkages Between Internet and Other Media Violence With Seriously Violent Behavior by Youth". In: Pediatrics 122 (Nov. 2008). S. 929-937.

WEITERFÜHRENDE LITERATUR

- ARTE: „Das Gehirn". *Videos. Arte.de.* (2019). https://www.arte.tv/de/videos/RC-017310/das-gehirn/ (04.04.2019).

- Jouvent, Roland: *Le cerveau magicien. De la réalité au plaisir psychique.* Odile Jacob: Paris 2013.

- Kehse, Ute: „Was Denksport wirklich bringt". *Gehirntraining. GEO Kompakt. Geo.de.* (2015). https://www.geo.de/magazine/geo-kompakt/710-rtkl-gehirntraining-was-denksport-wirklich-bringt (04.04.2019).

- ZHI: „NLP – Alles über das berühmte Kommunikationsmodell". *Nhi.at.* https://www.zhi.at/nlp (04.04.2019).

MEHR AUF 50MINUTEN.DE

- Charlier, Maïlys: *Konzentrationsfähigkeit verbessern. Tipps für langanhaltende Konzentration und Aufmerksamkeit.* Aus dem Französischen von Leonie Kremer. Plurilingua Publishing: Brüssel 2019.

- Lecomte, Miguël: *Kreatives Mindmapping. Methoden zum kreativen Erstellen praktischer Mindmaps.* Aus dem Französischen von Mareike Lobeck. Plurilingua Publishing: Brüssel 2019.

- Tassignon, Géraud: *Gedächtnisleistung stärken. Tipps für die Entwicklung eines verlässlichen Gedächtnisses.* Aus dem Französischen von Leonie Kremer. Plurilingua Publishing: Brüssel 2019.

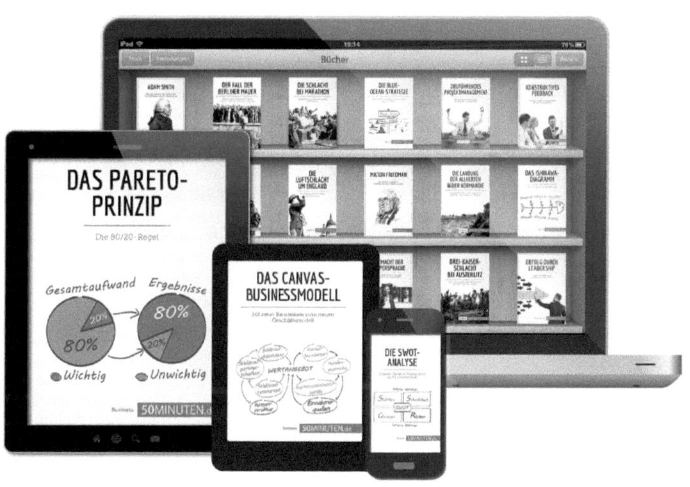

50MINUTEN.de
Geschichte
Business
Für die Arbeitswelt
Non-Fiction kompakt
Gesundheit & Wellness
Kunst und Literatur
DAS PARETO-PRINZIP
Die 80/20-Regel
Gesamtaufwand
Ergebnisse
20%
80%
80%
20%
Wichtig
Unwichtig
DAS CANVAS-BUSINESSMODELL
DIE SWOT-ANALYSE

www.50Minuten.de

ISBN digitale Ausgabe: 9782808019965

ISBN gedruckte Ausgabe: 9782808019972

Pflichtexemplar: D/2019/12603/163

Cover: © Plurilingua

Digitale Aufbereitung: Primento, der digitale Partner der Herausgeber